Iryna Stepanova | Sergiy Kabachenko

Obst, Gemüse & Sandwiches

Kreative und lustige Snacks für Kinder

Stocker

Kinder sollten beim Hantieren mit Küchenutensilien stets von Erwachsenen beaufsichtigt werden. Die Autoren und der Verlag übernehmen keinerlei Haftung für Verletzungen oder Schäden, die in wie immer gearteter Art und Weise auf den Inhalt des Buches oder die Verwendung von Messern oder anderen Küchenutensilien zurückzuführen sind.

Umschlaggestaltung: Werbeagentur Rypka GmbH, 8143 Dobl/Graz, www.rypka.at
Bildnachweis: Alle Bilder stammen von Sergiy Kabachenko.

Aus dem Englischen übertragen von MMag. Neli Danova-Hoffermann

Der Inhalt dieses Buches wurde von der Übersetzerin und vom Verlag nach bestem Wissen überprüft; eine Garantie kann jedoch nicht übernommen werden. Die juristische Haftung ist daher ausgeschlossen.

Bibliografische Information der Deutschen Nationalbibliothek
Die Deutsche Nationalbibliothek verzeichnet diese Publikation in der Deutschen Nationalbibliografie; detaillierte bibliografische Daten sind im Internet über http://dnb.d-nb.de abrufbar.

Hinweis: Dieses Buch wurde auf chlorfrei gebleichtem Papier gedruckt. Die zum Schutz vor Verschmutzung verwendete Einschweißfolie ist aus Polyethylen chlor- und schwefelfrei hergestellt. Diese umweltfreundliche Folie verhält sich grundwasserneutral, ist voll recyclingfähig und verbrennt in Müllverbrennungsanlagen völlig ungiftig.

Auf Wunsch senden wir Ihnen gerne kostenlos unser Verlagsverzeichnis zu:
Leopold Stocker Verlag GmbH
Hofgasse 5/Postfach 438
A-8011 Graz
Tel.: +43 (0)316/82 16 36
Fax: +43 (0)316/83 56 12
E-Mail: stocker-verlag@stocker-verlag.com
www.stocker-verlag.com

ISBN 978-3-7020-1649-4

Layout und Repro: DSR | Werbeagentur Rypka GmbH, 8143 Dobl/Graz, www.rypka.at
Gesamtherstellung: Gorenjski tisk, Kranj, Slowenien

Iryna Stepanova | Sergiy Kabachenko

Obst, Gemüse & Sandwiches

Kreative und lustige Snacks für Kinder

Leopold Stocker Verlag
Graz – Stuttgart

Inhaltsverzeichnis

Benötigte Küchenhelfer

Auf dieser Doppelseite erhalten Sie einen Überblick über die Küchenhelfer, die Ihnen das Gestalten der Projekte in diesem Buch erleichtern.

Ausstechformen: Kreis glatt, unterschiedliche Grössen, und oval, unterschiedliche Grössen

benötigt für:

- Hase (S. 40)
- Frosch (S. 46)
- Elefant (S. 48)
- Hündchen (S. 50)
- Leopard (S. 54)
- Kleine Rosen (S. 58)

Schaumrollenform

benötigt für:

- Eule (S. 12)
- Tannenbaum (S. 14)
- Lustiges Männchen (S. 16)
- Schildkröte (S. 20)
- Elefant (S. 24)
- Hase (S. 40)
- Konfetti (S. 42)
- Kätzchen (S. 44)
- Elefant (S. 48)
- Leopard (S. 54)
- Mäuse auf Käse (S. 56)

Ausstechform: Blume

benötigt für:

- Kleine Rosen (S. 58)

Apfelausstecher

benötigt für:

- Elefant (S. 24)
- Tiger (S. 26)
- Ameise (S. 28)
- Hundertfüßer (S. 34)

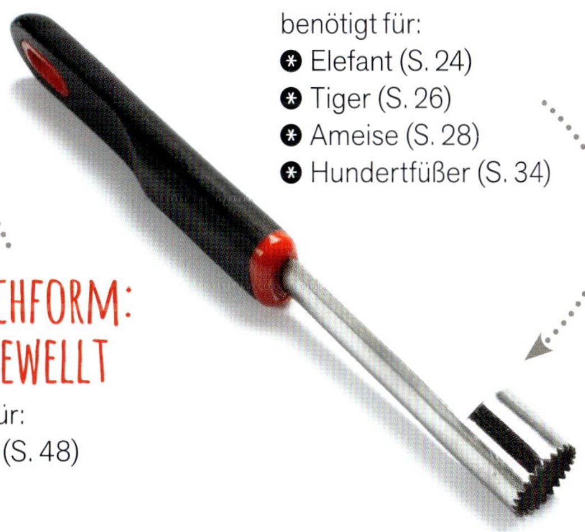

Ausstechform: Ring gewellt

benötigt für:

- Elefant (S. 48)

Benötigte Küchenhelfer

Kugelausstecher

benötigt für:
- Fuchs (S. 10)

Spiralschneider

benötigt für:
- Hundertfüßer (S. 38)

Reibe

benötigt für:
- Küken (S. 62)

Terrassenausstecher: Stern 6-teilig

benötigt für:
- Tannenbaum (S. 14)

Zahnstocher

benötigt für:
- Fuchs (S. 10)
- Marienkäfer (S. 52)

Holzspiess

benötigt für:
- Schmetterlinge (S. 8)

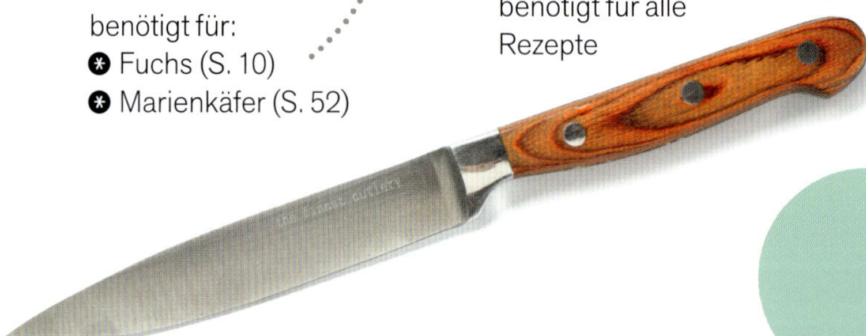

Messer

benötigt für alle Rezepte

Ziseliermesser zum Einritzen der Schale von Apfelsine und Grapefruit

benötigt für:

- Lustiges Männchen (S. 16)
- Pfau (S. 18)
- Kleine Palmen (S. 22)

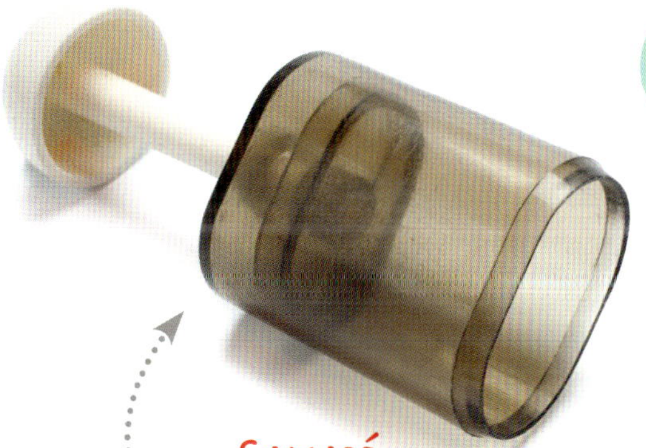

Canapé-Ausstecher oval

benötigt für:

- Hase (S. 40)
- Hündchen (S. 50)

Pinsel

benötigt für:

- Tannenbaum (S. 14)
- Pfau (S. 18)
- Kleine Palmen (S. 22)
- Elefant (S. 24)

Apfelteiler

benötigt für:

- Pfau (S. 18)

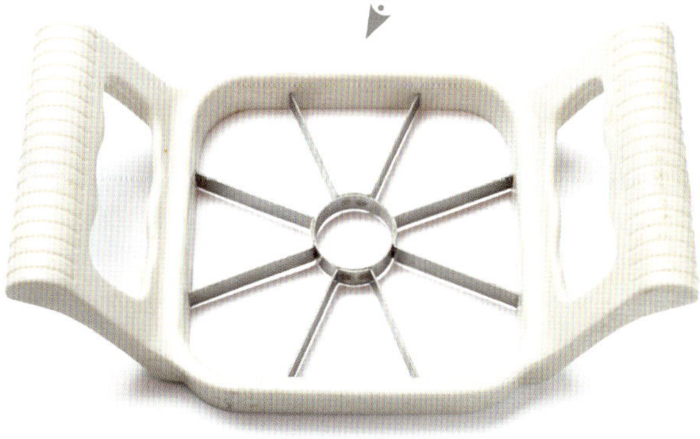

Honiglöffel

benötigt für:

- Lustiges Männchen (S. 16)
- Schildkröte (S. 20)
- Elefant (S. 24)

SCHMETTERLINGE

OBST

- 1 Kiwi
- 2 Erdbeeren
- 2 Paar Kirschen
- 1 Schwarze Johannisbeere

1. Die Kiwi schälen und in Scheiben schneiden.
2. Für den Brustbereich der Schmetterlinge eine Kiwischeibe längs durchschneiden, so dass zwei unterschiedlich große Stücke entstehen.
3. Das größere Stück mit der Schnittfläche nach unten aufstellen. Daran vier Kiwischeiben in Form von Flügeln anordnen.
4. Die Erdbeeren in Scheiben schneiden.
5. Die Flügel des größeren Schmetterlings mit Erdbeerscheiben verzieren. Einen kleineren Schmetterling aus dem kleineren Kiwistück und den restlichen Erdbeerscheiben legen.
6. Für den Kopf des größeren Schmetterlings eine Kirsche mit einem Holzspieß einstechen und die Kirschstängel als Antennen darin befestigen.
7. Für den Kopf des kleineren Schmetterlings die Schwarze Johannisbeere einstechen und ebenfalls Kirschstängel als Antennen darin befestigen. Augen aus kleinen Kiwistücken formen, Kiwikerne als Pupillen in die Mitte legen.
8. Die Köpfe an die Schmetterlingskörper platzieren.

1.
2.
3.
4.
5.
6.
7.
8.

FUCHS

- 1 Aprikose oder Pfirsich
- 3 Erdbeeren
- 3 Schwarze Johannisbeeren
- 2 Rote Johannisbeeren

1. Die Aprikose oder den Pfirsich in zwei Hälften schneiden.
2. Den Stein entfernen.
3. Eine der Hälften für den Kopf verwenden. Mit der Schnittfläche nach unten auflegen und aus der unteren Hälfte mit einem Kugelausstecher ein Loch ausstechen.
4. Darüber für die Ohren die Aprikose oder den Pfirsich mit einem Messer quer einschneiden.
5. Eine Erdbeere in dünne Scheiben schneiden und aus zwei Scheiben Ohren formen.
6. Diese dann in den Schlitz klemmen (siehe Foto).
7. Für die Schnauze die zweite Erdbeere mit einem Zahnstocher einstechen. Eine Johannisbeere sollte noch den Fruchtstiel oder den getrockneten Blütenstand besitzen, um sie damit an der Erdbeere zu befestigen.
8. Für die Nase diese Beere an der Schnauze befestigen.
9. Die Schnauze in das ausgestochene Loch hineinlegen (siehe Foto).
10. Die anderen beiden Schwarzen Johannisbeeren halbieren und jeweils die Hälfte mit dem Blütenkelchrest für die Augen verwenden.
11. Den Kopf auf die zweite Hälfte der Aprikose oder des Pfirsichs legen. Diese dient als Körper.
12. Für den Schwanz eine ganze Erdbeere an den Körper legen und als Pfoten die zwei Roten Johannisbeeren an den Körper platzieren.

1.
2.
3.
4.
5.
6.
7.
8.
9.
10.
11.
12.

EULE

- 2 Aprikosen oder Pfirsiche
- 2 Zuckererbsen
- 2 Schwarze Johannisbeeren
- Strunk einer Erdbeere

1. Eine Aprikose oder einen Pfirsich in zwei Hälften schneiden.
2. Den Kern entfernen.
3. Eine Hälfte mit der Schnittfläche nach unten hinlegen und mit einem Ausstecher oder einer Schaumrollenform zwei symmetrische Löcher für die Augen ausstechen. Aus dieser Hälfte wird der Kopf geformt.
4. Mit einem Messer einen dreieckförmigen Spalt herausschneiden (siehe Foto).
5. Für die Flügel eine Zuckererbse aufbrechen und die Erbsen entfernen.
6. Für den Körper die zweite Aprikose oder den zweiten Pfirsich aufstellen.
7. Die Flügel von oben auf den aufgestellten Körper legen.
8. Den Kopf darüberlegen.
9. Für den Schnabel ein dreieckförmiges Stück aus der restlichen Aprikose bzw. dem restlichen Pfirsich schneiden.
10. Für die Füße die Enden der zweiten Zuckerschote abschneiden.
11. Als Augen die Schwarzen Johannisbeeren in die dafür ausgestochenen Löcher legen (siehe Foto).
12. Den Schnabel in den dreieckförmigen Spalt platzieren und mit dem Strunk der Erdbeere den Kopf verzieren.

1.
2.
3.
4.
5.
6.
7.
8.
9.
10.
11.
12.

Tannenbaum

- 1 Apfel
- ½ Zitrone
- 15 Cranberrys
- 1 Physalis

1. Den Apfel quer in dünne Scheiben schneiden und mit dem Saft einer halben Zitrone bestreichen.
2. Fünf bis sechs große Scheiben aussuchen.
3. Wenn vorhanden, das Kerngehäuse mit einer Schaumrollenform entfernen.
4. Mit fünf bis sechs unterschiedlich großen sternförmigen Ausstechformen fünf bis sechs verschieden große Sterne ausstechen und die dabei entstandenen Reste aufbewahren.
5. Den größten Stern als Erstes auflegen. Darauf mit den Restteilen fächerförmig einen Kreis legen.
6. Einen kleineren Stern darauf platzieren. Wieder mit den Restteilen fächerförmig einen Kreis legen.
7. Die restlichen Sterne abwechselnd mit den kleinen Apfelresten übereinander anordnen. Als Letztes den kleinsten Stern auflegen.
8. Um den Tannenbaum in einen Weihnachtsbaum zu verwandeln, fünfzehn Cranberrys aussuchen.
9. Die Frucht der Physalis von der Hülle trennen.
10. Den Tannenbaum mit den Cranberrys dekorieren, als Spitze die Physalis legen.

1.
2.
3.
4.
5.
6.
7.
8.
9.
10.

LUSTIGES MÄNNCHEN

- 1 Birne
- 2 Scheiben eines grünen Apfels
- 2 Samen einer Kiwi
- etwas Honig
- 1 Physalis
- 1 große Grapefruitscheibe
- 1 Minzzweig
- 1 Brombeere

1. Die Birne aufstellen und den oberen Teil der Birne abschneiden.
2. Zwei dünne Scheiben von einem grünen Apfel abschneiden.
3. Den abgeschnittenen oberen Teil der Birne auf eine der Apfelscheiben legen. Das ist der Hut.
4. Den Hut auf den unteren Teil der Birne legen. Dieser dient als Kopf.
5. Für die Augen aus der zweiten Apfelscheibe zwei kleine Kreise ausstechen. Als Pupillen zwei Kiwisamen verwenden.
6. Die Augen mit einem Tropfen Honig an den Kopf kleben.
7. Mit einem Messer einen mundförmigen Schlitz ausschneiden.
8. Die Physalisfrucht von der Hülle trennen.
9. Die Frucht der Physalis in zwei Hälften schneiden. Eine Hälfte dient als Nase. Diese mit dem süßen Klebstoff bestreichen.
10. Die Nase anbringen (siehe Foto).
11. Die Grapefruitschale mit dem Ziseliermesser in regelmäßigen Abständen einritzen. Eine dicke Scheibe von der Grapefruit abschneiden.
12. Den Kopf auf die Grapefruitscheibe stellen. Einen Minzzweig auf den Hut stecken.
13. Den Hut mit einer Brombeere dekorieren.

1.
2.
3.
4.
5.
6.
7.
8.
9.
10.
11.
12.
13.

Pfau

- 1 Birne
- ½ Zitrone
- 1 Apfelsine
- 1 Kiwi
- ½ Banane
- 1 Erdbeere
- 1 Physalis
- 1 Sultanine
- etwas Honig

1. Die Birne aufstellen, mit einem Apfelteiler aufschneiden und das Gehäuse entfernen.
2. Den Saft einer halben Zitrone auspressen.
3. Für den Schwanz des Pfaus die Birnenspalten wie einen Fächer anordnen. Mit einem Pinsel die Birnenspalten mit Zitronensaft bestreichen, damit sie sich nicht verfärben.
4. Mit einem Ziseliermesser oder einem gewöhnlichen Messer die Apfelsinenschale einritzen.
5. Die Apfelsine in Scheiben schneiden.
6. Die Apfelsinenscheiben um den Schwanz aus den fächerförmig aufgereihten Birnen arrangieren (siehe Foto).
7. Die Kiwi schälen und der Breite nach in Scheiben schneiden.
8. Die Kiwischeiben auf die Apfelsinenscheiben legen. Fertig ist das Rad des Pfauenschwanzes.
9. Die Banane ungefähr bei der Hälfte schräg durchschneiden.
10. Für den Hals des Pfaus die Banane aufstellen und das obere Ende abschneiden (siehe Foto).
11. Eine dünne Scheibe von der Erdbeere abschneiden und beiseitelegen.
12. Als Kopf die restliche Erdbeere mit der Schnittfläche nach unten auf die aufgestellte Banane setzen.
13. Die Hülle der Physalis öffnen.
14. Eine Vertiefung in die Erdbeere schnitzen und darin die Physalis so platzieren, dass die geöffneten Blätter in Form von Federn herausragen.
15. Für die Augen die Sultanine in zwei Hälfen schneiden.
16. Für die Pupillen zwei Samen aus der Kiwi entfernen.
17. Den Hals an den Pfauenschwanz anlegen. Die Augen mit Honig auf den Kopf kleben.
18. Für die Flügel eine Apfelsinenscheibe halbieren und die zwei Hälften jeweils leicht aufgestellt an beiden Seiten des Halses arrangieren.

1.
2.
3.
4.
5.
6.
7.
8.
9.
10.
11.
12.
13.
14.
15.
16.
17.
18.

Schildkröte

- 1 Mango
- 1 Pflaume
- 1 Sultanine
- 2 Samen einer Kiwi
- etwas Honig
- 1 Apfelscheibe
- 4 Mandarinenscheiben

1. Die Mango längs in zwei Hälften schneiden.
2. Eine Hälfte mit der Schnittfläche nach unten hinlegen. Daraus wird der Panzer der Schildkröte angefertigt.
3. Auf der Oberfläche der Mangohälfte Längs- und Querrillen in Form eines Schildkrötenpanzers einschneiden.
4. Die Pflaume längs in zwei Hälften schneiden. Die eine Hälfte dient als Kopf.
5. Für die Augen die Sultanine in zwei Hälften schneiden.
6. Für die Pupillen zwei Samen aus der Kiwi entfernen.
7. Die Augen mit einem Tropfen Honig an den Kopf kleben.
8. Aus einer Apfelscheibe einen kleinen Kreis ausstechen.
9. Für den Mund den Kreis durchschneiden und eine Hälfte davon mit etwas Honig am Kopf befestigen.
10. Den Kopf an den Panzer legen.
11. Eine Mandarine schälen und in ihre einzelnen Spalten aufteilen.
12. Für die Füße der Schildkröte vier Mandarinenspalten an den Panzer anordnen.

1.
2.
3.
4.
5.
6.
7.
8.
9.
10.
11.
12.

Kleine Palmen

- 1 Banane
- ½ Zitrone
- 1 Kiwi
- 1 Apfelsine
- 1 Mandarine

1. Ein Drittel der Banane schräg abschneiden.
2. Mit einem Ziseliermesser oder einem gewöhnlichen Messer die verbliebenen zwei Drittel der Banane der Breite nach einritzen.
3. Für die Stämme der Palmen die eingekerbte Banane längs in der Mitte durchschneiden.
4. Saft einer halben Zitrone auspressen.
5. Die Bananenhälften mit dem Zitronensaft bestreichen.
6. Die Kiwi schälen und der Länge nach in zwei Hälften teilen.
7. Für die Palmenblätter beide Kiwihälften längs in Scheiben schneiden (siehe Foto).
8. Die Palmenblätter um die Bananenstämme arrangieren.
9. Mit einem Ziseliermesser die Apfelsinenhaut der Länge nach einritzen.
10. Die Apfelsine in dünne Scheiben schneiden und eine Scheibe davon als Sonne verwenden.
11. Die Mandarine schälen und in ihre einzelnen Spalten aufteilen.
12. Die kleinen Palmen auf einen Teller platzieren, die Sonne an den oberen Rand des Tellers legen und die Mandarinenspalten um den unteren Teil der Stämme arrangieren.

1.
2.
3.
4.
5.
6.
7.
8.
9.
10.
11.
12.

Elefant

- 1 roter Apfel
- Zitronensaft
- 1 grüner Apfel
- etwas Honig

1. Den roten Apfel mit dem Stängel nach unten hinstellen.
2. Mit einem Apfelausstecher das Kerngehäuse entfernen.
3. Den Apfel hinlegen und eine dünne Scheibe vom unteren Teil des Apfels abschneiden.
4. Diese Scheibe mit der Schnittfläche nach unten hinlegen.
5. Für die Ohren des Elefanten die Scheibe in zwei Hälften schneiden (siehe Foto).
6. Eine weitere Scheibe vom Apfel abschneiden (siehe Foto).
7. Alle Apfelscheiben mit etwas Zitronensaft bestreichen, damit sie sich nicht verfärben.
8. Ein breites Stück von der Apfelscheibe abschneiden.
9. Dieses Stück mit der Schnittfläche nach oben hinlegen, das wird der Rüssel.
10. Den restlichen Apfel mit der Schnittfläche nach unten hinlegen und eine trapezförmige Öffnung ausschneiden.
11. Den Rüssel mit der Schnittfläche nach oben in diese Öffnung hineinstecken.
12. Die Ohren von oben hintereinander in das Loch des Apfels hineinstecken (siehe Foto).
13. Aus der übriggebliebenen Apfelscheibe eine dünne Scheibe abschneiden und halbieren. Das sind die Stoßzähne.
14. Die Stoßzähne links und rechts vom Rüssel hinlegen. Für die Nasenlöcher zwei kleine Stücke aus der Apfelschale abziehen und auf den Rüssel legen.
15. Eine dünne Scheibe vom grünen Apfel abschneiden.
16. Für die Augen daraus zwei Kreise ausstechen.
17. Die Augen mit etwas Honig an den Kopf befestigen.
18. Zwei Apfelkerne als Pupillen verwenden.

1.
2.
3.
4.
5.
6.
7.
8.
9.
10.
11.
12.
13.
14.
15.
16.
17.
18.

Tiger

Gemüse

- 1 gelbe Paprika
- 1 rote Paprika
- 4 Scheiben einer Salatgurke
- Fenchelgrün
- 1 kernlose schwarze Olive
- 2 grüne Erbsen
- 1 Frühlingszwiebel

1. Die gelbe Paprika in dünne Ringe schneiden.
2. Die abgerundete Spitze der roten Paprika abschneiden und die restliche Paprika ebenfalls in Ringe schneiden.
3. Zwei rote Paprikaringe in der Mitte durchschneiden.
4. Drei Ringe der gelben Paprika stufenförmig übereinanderlegen.
5. Dazwischen jeweils eine rote Paprikahälfte legen. Einen gelben Paprikaring durchschneiden und eine Hälfte davon auf die oberste rote Paprikahälfte legen.
6. Für die Schnauze zwei Ringe und die abgerundete Spitze der roten Paprika bereitstellen (siehe Schritt 2).
7. Aus einem Stück gelber Paprika zwei kleine Rechtecke für die Zähne ausschneiden. Für die Ohren zwei Gurkenscheiben verwenden.
8. Einen roten Paprikaring auf die zuoberst liegende gelbe Paprikahälfte legen und Zähne und Ohren darauf platzieren.
9. Mit dem zweiten Ring roter Paprika bedecken.
10. Zum Abschluss die abgerundete Spitze der roten Paprika darauflegen.
11. Jeweils zwei gelbe und rote Paprikaringe in kleine Stücke schneiden.
12. Für die Pfoten und den Schwanz gelbe und rote Paprikastückchen abwechselnd anordnen.
13. Fenchelgrün als Schnurrhaare arrangieren. Für die Nase eine Hälfte der schwarzen Olive verwenden.
14. Für die Augen zwei kleine Kreise aus den Gurkenscheiben ausstechen.
15. Die grünen Erbsen etwas einschneiden und ein Stückchen vom grünen Teil der Frühlingszwiebel in den Schlitz geben.
16. Die Erbsen in die Mitte der Augen platzieren. Die fertigen Augen auf die Schnauze legen.

1.
2.
3.
4.
5.
6.
7.
8.
9.
10.
11.
12.
13.
14.
15.
16.

AMEISE

- 3 unterschiedlich große Tomaten
- 1 Radieschen
- 2 Scheiben einer Salatgurke
- 1 grüne Erbse
- Fenchelstängel
- Mayonnaise
- Rotkohl

1. Die größte Tomate auf den Stielansatz stellen und vom oberen Teil zwei Dreiecke herausschneiden (siehe Foto). Die Dreiecke für später beiseitestellen.
2. Für den Mund die Tomate unter den dreieckförmigen Vertiefungen horizontal einschneiden.
3. Für die Zähne ein kleines Radieschenstück in den Spalt stecken.
4. Jeweils einen Kreis aus den beiden Gurkenscheiben ausstechen.
5. Aus den Radieschenscheiben zwei Kreise in der gleichen Größe ausstechen.
6. Die Radieschenkreise in die ausgestochenen Löcher der Gurken legen. Für die Augen eine Erbse in zwei Hälften schneiden und jeweils eine Hälfte auf die Radieschenkreise legen. Als Pupillen ein kleines Stück vom Fenchelstängel auf die Erbsen legen.
7. Von den Tomatendreiecken auf jeder Seite ein kleines Stück abschneiden.
8. Das Fruchtfleisch entfernen.
9. Die Dreiecke in den dreieckigen Vertiefungen platzieren.
10. Zwei Antennen aus Fenchelstängel in die Dreiecke klemmen.
11. Die Augen mit Hilfe von etwas Mayonnaise an den Tomatendreiecken befestigen. Als Ameisenkörper die restlichen Tomaten hinter dem Kopf anordnen, mit der kleineren beginnend. Als Beinchen Fenchelstängel verwenden. Nach Belieben auf Rotkohl arrangieren.

1.
2.
3.
4.
5.
6.
7.
8.
9.
10.
11.

WESPE

⊛ 1 Tomate ⊛ 1 Ring einer gelben Paprika ⊛ 2 Scheiben von einer Feldgurke ⊛ 2 Maiskörner ⊛ grüner Teil einer Frühlingszwiebel

1. Die Tomate auf den Stielansatz stellen und am oberen Teil drei Spalten ausschneiden (siehe Foto).
2. Einen dünnen Ring von der gelben Paprika abschneiden. Das Fruchtfleisch entfernen.
3. Für die Flügel den Paprikaring in der Mitte zusammendrücken und in die mittlere Tomatenspalte klemmen.
4. Für den Kopf eine Scheibe von der Gurke bereitstellen. Darauf zwei Maiskörner als Augen legen, für die Pupillen Ringe aus dem grünen Teil der Frühlingszwiebel schneiden und auf die Maiskörner platzieren. Als Nase die Spitze des grünen Teils der Frühlingszwiebel zwischen die Augen legen.
5. Den Kopf in die äußere Vertiefung platzieren (siehe Foto).
6. Vier unterschiedlich große Stücke vom grünen Teil der Frühlingszwiebel abschneiden und, mit dem längsten beginnend, der Größe nach hintereinander auf die zweite Gurkenscheibe legen.
7. Die Gurkenscheibe in die letzte Vertiefung legen (siehe Foto).

1.
2.
3.
4.
5.
6.
7.

KLEINE BIENEN

- 3 Radieschen
- 1 grüne Erbse
- etwas Mayonnaise
- 4 schwarze Kaviarkörner (wahlweise Kiwisamen)
- 1 Maiskorn

1. Zwei längliche Radieschen aussuchen.
2. Um die Bienen besser hinstellen zu können, der Länge nach eine dünne Scheibe abschneiden und die Radieschen auf die Schnittfläche stellen.
3. Der Breite nach schmale Streifen aus der Haut der Radieschen ausschneiden.
4. Für die Flügel auf der linken und rechten Seite zwei längliche Schlitze einschneiden.
5. Das dritte Radieschen in Scheiben schneiden.
6. Für die Flügel jeweils zwei Radieschenscheiben hintereinander in die Schlitze klemmen.
7. Für die Augen der einen Biene eine grüne Erbse in der Mitte einschneiden, ohne sie ganz durchzuschneiden.
8. Die Erbse öffnen (siehe Foto).
9. Die Augen mit etwas Mayonnaise am Kopf anbringen. Die Kaviarkörner als Pupillen verwenden.
10. Für das Augenpaar der zweiten Biene ein Maiskorn gleich wie die Erbse einschneiden, ohne das Korn dabei ganz durchzuschneiden. Das Korn öffnen und mit den Kaviarkörnern als Pupillen versehen.
11. Die Bienen auf einem Teller arrangieren.

1.
2.
3.
4.
5.
6.
7.
8.
9.
10.
11.

HUNDERTFÜSSER

- 2 Feldgurken
- 6 Cherrytomaten
- 1 kernlose schwarze Olive
- 1 Maiskorn
- 2 schwarze Kaviarkörner
- 1 grüne Erbse
- 1 Radieschen
- etwas Mayonnaise
- Fenchelgrün

1. Der Länge nach eine Scheibe von der Gurke abschneiden.
2. Die Cherrytomaten hintereinander auf der Gurkenscheibe anordnen.
3. Die zweite Gurke der Breite nach in Scheiben schneiden.
4. Jeweils eine Scheibe aufgestellt zwischen den Tomaten einklemmen.
5. Für die Beine aus den restlichen Gurkenscheiben Kreise ausstechen und die entstandenen Ringe danach in zwei Hälften schneiden.
6. Die schwarze Olive der Breite nach in zwei Hälften schneiden und die Hälften wiederum vierteln (siehe Foto). Daraus werden die Füße des Hundertfüßers gelegt.
7. Die Beine gegengleich anordnen, die Füße am Beinende platzieren.
8. Für die Augen das Maiskorn längs halbieren, ohne es ganz durchzuschneiden. Die Kaviarkörner als Pupillen verwenden. Die grüne Erbse durchschneiden und eine Hälfte als Nase hinzufügen. Für den Mund eine kleine Scheibe vom Radieschen verwenden.
9. Die einzelnen Teile mit etwas Mayonnaise auf der ersten Cherrytomate festkleben. Mit etwas Fenchelgrün dekorieren.

1.
2.
3.
4.
5.
6.
7.
8.
9.

Nashorn

- 1 Feldgurke
- 1 Maiskorn
- etwas Mayonnaise
- 2 schwarze Kaviarkörner
- 2 Tomatenscheiben
- 2 Ringe einer gelben Paprika
- 1 Radieschen

1. Die Gurke der Breite nach in drei unterschiedlich große Teile schneiden. Aus dem kleineren Gurkenende entsteht der Kopf, aus dem größeren der Körper.
2. Um das Nashorn besser hinstellen zu können, vom Kopf- und Körperteil der Länge nach jeweils eine dünne Scheibe abschneiden.
3. Den Kopf auf die Schnittfläche stellen und vom abgerundeten Ende ein viereckiges Stück herausschneiden.
4. Für das Horn ein längliches Stück ausschneiden (siehe Foto).
5. Das Horn aufgestellt in die viereckige Öffnung platzieren.
6. Für die Beine aus dem mittleren Teil der Gurke eine dicke Scheibe abschneiden. Diese halbieren und jeweils ein rechteckiges Stück herausschneiden.
7. Die Beine mit der Öffnung nach unten hinstellen (siehe Foto). Eine dünne Gurkenscheibe abschneiden.
8. Die dünne Gurkenscheibe auf die Beine legen.
9. Das größere Gurkenende darauf platzieren. Das ist der Körper des Nashorns.
10. Den Kopf davor legen. Für die Ohren eine dünne Gurkenscheibe halbieren und zwischen die beiden Gurkenenden stecken.
11. Für die Augen ein Maiskorn längs halbieren, ohne es dabei ganz durchzuschneiden. Das Maiskorn aufklappen und auf den Kopf legen (siehe Foto).
12. Die Augen mit etwas Mayonnaise auf dem Kopf befestigen. Pupillen aus schwarzen Kaviarkörnern hinzufügen.
13. Eine Tomatenscheibe auf einen Ring von der gelben Paprika legen.
14. Darauf wieder einen gelben Paprikaring platzieren und zum Schluss noch eine Tomatenscheibe darauflegen.
15. Das Radieschen in Scheiben schneiden.
16. Drei Radieschenscheiben auf die Tomatenscheibe legen.
17. Darauf das Nashorn stellen.

1.
2.
3.
4.
5.
6.
7.
8.
9.
10.
11.
12.
13.
14.
15.
16.
17.

HUNDERTFÜSSER

- 1 Scheibe Weißbrot
- etwas Butter
- 1 Scheibe Käse
- 1 Feldgurke
- Petersilienstängel
- 1 schwarze Olive
- 1 grüne Olive gefüllt mit Paprika
- 1 Möhre
- 1 Radieschen

1. Das Brot mit Butter bestreichen und mit Käse belegen.
2. Die Gurke in Spiralen schneiden.
3. Die Gurke auf das belegte Brot legen. Für die Fühler einen kurzen Petersilienstängel in die schwarze Olive stecken und diese zwischen die zweite und dritte Spirale legen.
4. Für die Augen die mit Paprika gefüllte grüne Olive in zwei Hälften schneiden und zwischen die dritte und vierte Spirale legen.
5. Die Möhre in längliche Streifen hobeln oder in dünne Stäbchen schneiden.
6. Das Radieschen quer in dünne Scheiben schneiden.
7. In jede auf das Augenpaar folgende Spirale mittig Möhrenstreifen und darauf Radieschenscheiben legen. Den Kopfteil mit etwas Petersilie dekorieren.

1.
2.
3.
4.
5.
6.
7.

HASE

- 1 Scheibe Fleischwurst
- 1 Toastbrotscheibe
- Butter oder Mayonnaise
- 1 Scheibe Schmelzkäse
- 1 Scheibe einer helleren Käsesorte
- 1 Scheibe Cheddar
- 1 grüne Erbse
- 2 schwarze Kaviarkörner
- 1 kernlose schwarze Olive
- Fenchelgrün
- 1 Stück gekochte Möhre
- 1 grünes Salatblatt

1. Für den Kopf und den Körper des Hasen mit einer runden Ausstechform zwei große Kreise aus der Fleischwurst ausstechen. Für die Pfoten mit einer kleineren Ausstechform oder einer Schaumrollenform einen weiteren Kreis ausstechen und in der Mitte durchschneiden.
2. Die Toastbrotscheibe mit Butter oder Mayonnaise bestreichen und mit Schmelzkäse belegen. Den Kopf, Körper und die Pfoten auf dem Käse arrangieren.
3. Mit einer ovalen Ausstechform aus der Fleischwurst drei ovale Stücke ausstechen. Zwei davon bilden die Hinterpfoten. Für die Ohren das dritte ovale Stück längs in der Mitte durchschneiden.
4. Die Ohren an den Kopf des Hasen platzieren.
5. Aus der helleren Käsesorte die Wangen und aus dem Cheddar die Füße des Hasen ausschneiden.
6. Die Wangen auf den Kopf des Hasen platzieren.
7. Die Erbse halbieren und daraus Augen legen. Kaviarkörner können als Pupillen daraufgelegt werden.
8. Aus der Olive ein dreieckiges Stück für die Nase ausschneiden. Für den Mund kleine Stücke vom Fenchelgrün verwenden.
9. Die Hinterpfoten an den Körper des Hasen platzieren und darauf die Füße legen.
10. Aus der gekochten Möhre drei kleine Dreiecke ausschneiden. Daraus entstehen kleine Möhren für den Hasen. Aus dem Fenchelgrün das Blattgrün der Möhren dazulegen.
11. Die kleinen Möhren samt dem Fenchelgrün neben dem Hasen auf das Brot platzieren.
12. Das Brot auf ein Salatblatt legen.

1.
2.
3.
4.
5.
6.
7.
8.
9.
10.
11.
12.

Konfetti

- jeweils 1 rote, gelbe, grüne und orange Paprika
- 1 Toastbrotscheibe
- Butter oder Mayonnaise
- 1 Scheibe Schmelzkäse
- 1 grünes Salatblatt

1. Die vier Paprikaschoten zerteilen.
2. Jeweils aus einem roten, gelben, orangen und grünen Paprikastück mit einem Ausstecher oder einer Schaumrollenform kleine Kreise mit einem Durchmesser von 1–2 cm ausstechen.
3. Die unteren Enden der Schoten ergeben besonders schöne Konfetti.
4. Mit einem Messer überflüssiges Fruchtfleisch wegschneiden, wenn die Konfetti zu dick sind.
5. Das Toastbrot mit Butter oder Mayonnaise bestreichen und mit Schmelzkäse belegen.
6. Die Paprikakreise darauf arrangieren.
7. Das Toastbrot auf das Salatblatt legen.

1.
2.
3.
4.
5.
6.
7.

KÄTZCHEN

- 1 Toastbrotscheibe
- Butter oder Mayonnaise
- 1 Scheibe Schmelzkäse
- 3 Scheiben Schinkenwurst
- 1 Scheibe Fleischwurst
- 1 Scheibe einer helleren Käsesorte
- 1 grüne Erbse
- 2 schwarze Kaviarkörner
- 1 schwarze Olive
- Basilikumstängel
- 1 Stück rote Paprika
- Schnittlauch
- 1 grünes Salatblatt

1. Das Toastbrot mit Butter oder Mayonnaise bestreichen und mit dem Schmelzkäse belegen. Für den Körper eine Schinkenwurstscheibe in der Mitte durchschneiden und eine Hälfte davon auf das Brot legen. Für den Kopf eine ganze Schinkenwurstscheibe über den Körper platzieren.
2. Für die Ohren aus der zweiten Schinkenwursthälfte zwei Dreiecke ausschneiden.
3. Aus der Fleischwurstscheibe zwei kleinere Dreiecke ausschneiden und auf die Ohren legen.
4. Die Ohren mit dem Kopf überlappen.
5. Für die Schnauze aus dem Käse einen kleinen Kreis ausstechen.
6. Die grüne Erbse halbieren und daraus Augen legen. Für die Pupillen Kaviarkörner darauf platzieren.
7. Für die Nase ein Dreieck aus der schwarzen Olive ausschneiden und auf die Schnauze legen. Ein kleines Stück vom Basilikumstängel abschneiden und der Länge nach zwischen Nase und Mund legen.
8. Den Mund aus der roten Paprika ausschneiden und ebenfalls auf die Schnauze legen.
9. Für die Pfoten einen kleinen Kreis aus der Fleischwurst ausstechen und in zwei Hälften schneiden. Mit einem Messer kleine Einkerbungen machen, so dass sie wie Krallen aussehen.
10. Für den Schwanz eine Scheibe Schinkenwurst halbieren und aus der einen Hälfte mit einem Ausstecher einen Halbkreis ausstechen.
11. Den Schwanz so an den Körper platzieren, dass ein Teil über das Toastbrot hinausragt.
12. Mit den Schnittlauchspitzen kurze Barthaare legen.
13. Das Toastbrot auf ein grünes Salatblatt legen.

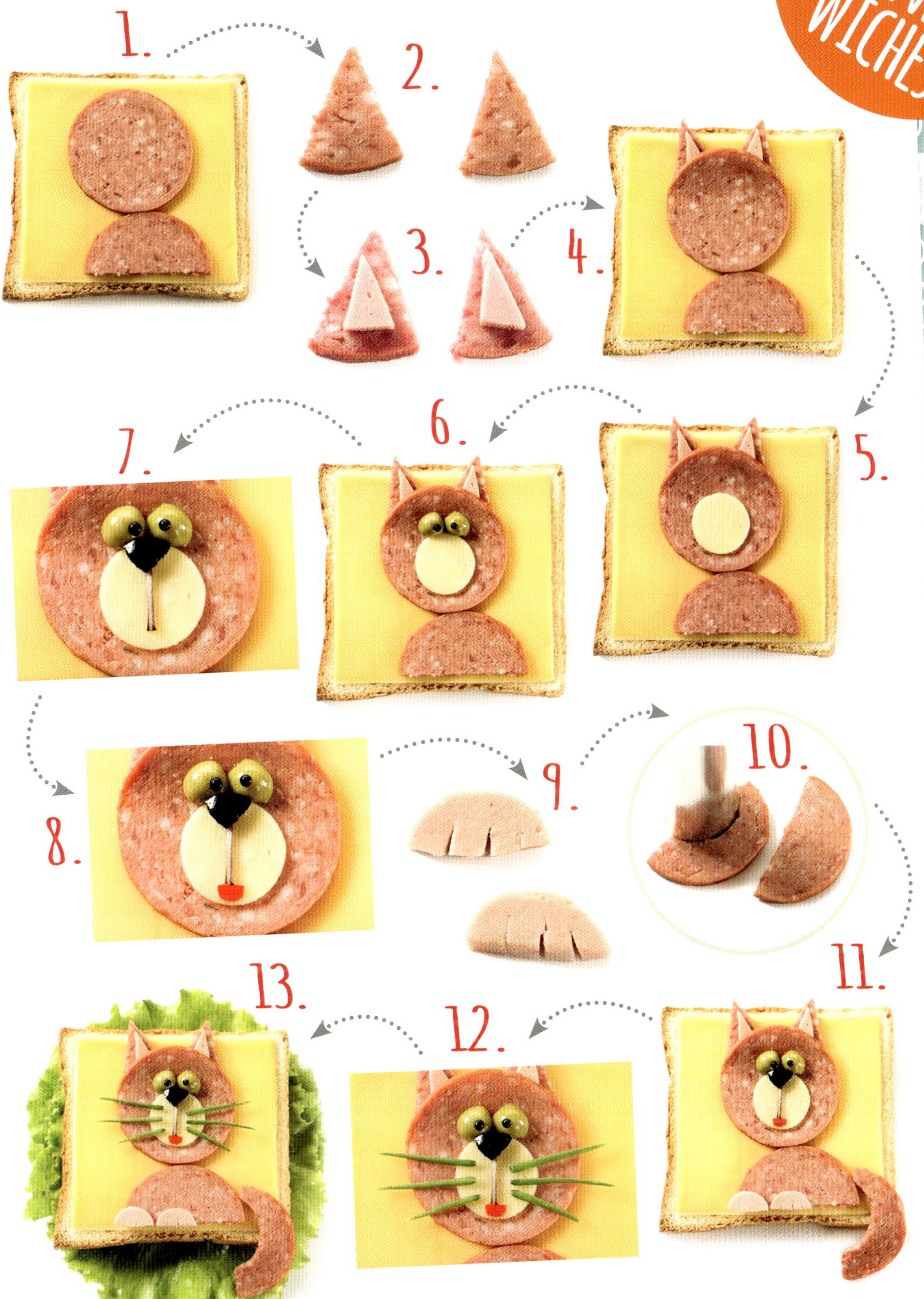
1.
2.
3.
4.
5.
6.
7.
8.
9.
10.
11.
12.
13.

FROSCH

- 1 Scheibe Fleischwurst
- 1 Scheibe Toastbrot
- Butter oder Mayonnaise
- 1 Scheibe Paprikakäse
- 1 grüne Erbse
- 1 schwarze Olive
- 1 Ring einer roten Paprika
- glatte Petersilie
- 1 grünes Salatblatt

1. Mit einer großen runden Ausstechform zwei unterschiedlich große ellipsenförmige Stücke aus der Fleischwurst ausstechen (siehe Foto).
2. Für den Körper ein etwas größeres Stück in Form eines Halbkreises ausstechen.
3. Das Toastbrot mit Butter oder Mayonnaise bestreichen und mit dem Käse belegen. Darauf den Körper des Frosches platzieren.
4. Für den Kopf des Frosches auf den oberen Teil des Körpers zuerst die größere Ellipse auflegen und auf diese die kleinere.
5. Für die Augen eine grüne Erbse halbieren. Dünne Streifen aus der schwarzen Olive für die Pupillen herausschneiden. Aus dem Paprikaring die Zunge ausschneiden.
6. Die Augen oberhalb der größeren Ellipse platzieren und die Zunge unter die kleinere Ellipse legen.
7. Füße aus Petersilienblättern anbringen.
8. Das Toastbrot auf ein grünes Salatblatt legen.

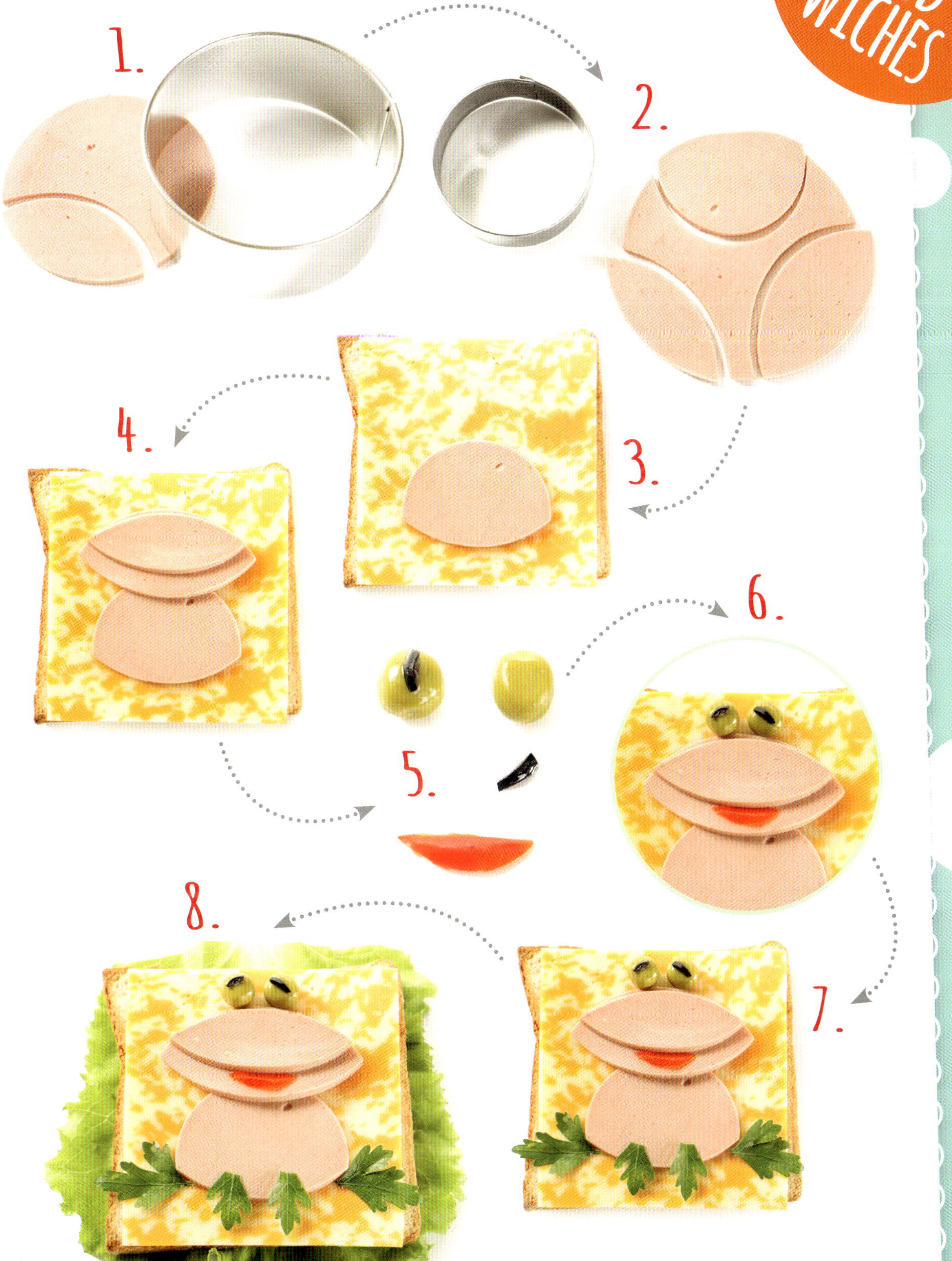
1.
2.
3.
4.
5.
6.
7.
8.

ELEFANT

- 1 Scheibe Toastbrot
- Butter oder Mayonnaise
- 1 Scheibe Schmelzkäse
- 2 Scheiben Fleischwurst
- 1 Scheibe einer hellen Käsesorte
- 2 schwarze Kaviarkörner
- Basilikumstängel
- glatte Petersilie
- 1 Frühlingszwiebel
- 1 grünes Salatblatt

1. Das Toastbrot mit Butter oder Mayonnaise bestreichen, mit dem Schmelzkäse belegen und für den Körper des Elefanten eine Scheibe Fleischwurst darauf platzieren.
2. Den Kopf aus der zweiten Scheibe Fleischwurst ausschneiden.
3. Mit einer gewellten Ausstechform aus der restlichen Fleischwurst Ohren ausstechen.
4. Den Kopf auf den Körper legen und die Ohren zwischen Kopf und Körper einklemmen.
5. Für die Füße zwei rechteckige Stücke aus der Fleischwurst ausschneiden. Diese mit dem Körper überlappen (siehe Foto).
6. Für die Augen zwei kleine Kreise aus einer Käsescheibe ausstechen. Für die Pupillen die schwarzen Kaviarkörner auf die Augen legen. Für die Augenbrauen vom Basilikumstängel zwei kleine Stücke abschneiden.
7. Ein Petersilienblatt als Stirnfransen über die Augen legen.
8. Sechs dünne Ringe aus dem grünen Teil der Frühlingszwiebel schneiden.
9. Jeweils drei dieser Ringe auf den unteren Teil der Füße des Elefanten legen (siehe Foto).
10. Die Spitze des grünen Teils der Frühlingszwiebel in Form eines Schwanzes seitlich am Körper anlegen.
11. Das Toastbrot auf ein grünes Salatblatt legen.

1.
2.
3.
4.
5.
6.
7.
8.
9.
10.
11.

HÜNDCHEN

- 1 Scheibe Fleischwurst
- 1 Scheibe Toastbrot
- Butter oder Mayonnaise
- 1 Scheibe Cheddar
- 2 Scheiben Schinkenwurst
- 1 Scheibe einer helleren Käsesorte
- 1 kernlose schwarze Olive
- 1 kernlose grüne Olive
- 2 Maiskörner aus der Dose
- 2 schwarze Kaviarkörner
- Basilikumstängel
- 1 Scheibe von einer roten Paprika
- glatte Petersilie
- 1 grünes Salatblatt

1. Für den Kopf einen kleinen Kreis aus der Fleischwurst ausstechen.
2. Das Toastbrot mit Butter oder Mayonnaise bestreichen und mit dem Cheddar belegen. Den Kopf darauf platzieren. Als Körper eine der Schinkenwurstscheiben an den Kopf legen.
3. Jeweils ein Ohr aus der Schinkenwurst und eines aus der Fleischwurst ausschneiden und seitlich unter den Kopf legen.
4. Für die Wangen aus der helleren Käsesorte zwei ovale Stücke ausstechen und überlappend auf den Kopf legen (siehe Foto).
5. Für die Nase aus der schwarzen Olive ein dreieckförmiges kleines Stück ausschneiden.
6. Für die Schnauze von der grünen Olive eine dünne Scheibe abschneiden und halbieren. Die restliche grüne Olive mit der Schnittfläche nach unten hinlegen und eine der abgeschnittenen Hälften daran legen.
7. Anschließend die Nase auf die Öffnung der aufgestellten grünen Olive platzieren.
8. Die Schnauze auf die Wangen legen.
9. Aus den Maiskörnern Augen legen. Schwarze Kaviarkörner als Pupillen auf die Augen platzieren.
10. Die Hinterpfoten aus der Fleischwurst ausschneiden. Für die Zehen die Fleischwurst zweimal einschneiden.
11. Für die Vorderpfoten aus der Fleischwurst einen kleinen Kreis ausstechen und halbieren. An der geraden Schnittfläche ebenfalls zweimal einschneiden. Aus der restlichen Fleischwurst Beine formen und die Pfoten darauf legen.
12. Den Basilikumstängel in dünne Ringe schneiden.
13. Jeweils drei davon auf beide Wangen legen (siehe Foto).
14. Aus dem roten Paprikastück die Zunge formen und auf die halbierte grüne Olive legen. Ein Blatt von der Petersilie auf die Stirn legen.
15. Das Toastbrot auf das grüne Salatblatt legen.

1.
2.
3.
4.
5.
6.
7.
8.
9.
10.
11.
12.
13.
14.
15.

MARIENKÄFER

- 1 Scheibe Toastbrot
- Butter oder Mayonnaise
- 1 Käsescheibe
- 1 grünes Salatblatt
- 1 kleine Tomate
- 1 kernlose schwarze Olive
- schwarzer Kaviar
- Sesamkörner

1. Das Toastbrot mit Butter oder Mayonnaise bestreichen und mit dem Käse belegen.
2. Das Salatblatt auf das Toastbrot legen.
3. Die Tomate in zwei Hälften schneiden, eine Scheibe von der schwarzen Olive abschneiden.
4. Aus einer Tomatenhälfte mit einem Messer eine dreieckförmige Spalte herausschneiden.
5. Die Olivenscheibe an die Tomate legen. Schwarzen Kaviar auf die Tomate legen (siehe Foto).
6. Aus den Sesamkörnern Augen legen. Augen und Mund lassen sich auch mit etwas Butter oder Mayonnaise aufzeichnen.
7. Den Marienkäfer auf das Toastbrot legen. Als Barthaare kann man einen kleinen Fenchelstängel verwenden.

1.
2.
3.
4.
5.
6.
7.

LEOPARD

- 1 Scheibe Toastbrot
- Butter oder Mayonnaise
- 2 Scheiben Käse
- 1 grünes Salatblatt
- 2 Scheiben grobe Schinkenwurst
- 2 schwarze Kaviarkörner
- 1 kernlose schwarze Olive
- 1 Stück rote Paprika
- Fenchelgrün

1. Das Toastbrot mit Butter oder Mayonnaise bestreichen und mit einer dünnen Scheibe Käse belegen. Das Toastbrot auf das grüne Salatblatt legen.
2. Als Körper des Leoparden eine Scheibe der groben Schinkenwurst auf den Käse legen.
3. Aus der zweiten Scheibe grober Schinkenwurst zwei kleinere Kreise für die Ohren und einen größeren Kreis für den Kopf ausstechen. Einen länglichen dünnen Streifen für den Schwanz ausschneiden.
4. Den Kopf auf den Körper legen. Die Augen aus Kaviarkörnern legen oder kleine Stücke von der schwarzen Olive dafür verwenden.
5. Aus der Käsescheibe Wangen ausstechen, die Nase aus der schwarzen Olive und den Mund aus der roten Paprika ausschneiden. Für die Schnurrhaare kann etwas Fenchelgrün verwendet werden.
6. Aus den kreisförmigen Ohren jeweils zwei kleine abgerundete Stücke ausschneiden.
7. Die Ohren an den Kopf legen (siehe Foto).

1.
2.
3.
4.
5.
6.
7.

Mäuse auf Käse

- 1 Scheibe Toastbrot
- Butter oder Mayonnaise
- 1 Scheibe Cheddar
- 1 Scheibe Emmentaler
- 1 gekochtes Wachtelei
- 1 Stück rote Paprika
- schwarzer Kaviar
- 1 Scheibe Fleischwurst
- 1 grünes Salatblatt

1. Das Toastbrot mit Butter oder Mayonnaise bestreichen und mit Cheddar belegen.
2. Den Emmentaler darauflegen.
3. Für die Mäuse das gekochte Wachtelei in zwei Hälften schneiden. Mit der Schnittfläche nach unten hinlegen.
4. Die Wachteleihälften nahe dem spitzeren Ende der Breite nach einschneiden. Hier werden die Ohren platziert.
5. Den Mund aus dem roten Paprikastück ausschneiden. Die Augen aus Kaviar legen.
6. Für die Ohren aus der Fleischwurst vier kleine Kreise ausstechen und für die Mäuseschwänze zwei dünne Streifen ausschneiden.
7. Die Ohren in den Spalt stecken und die Mäuseschwänze an den Körper legen.
8. Das Toastbrot auf das grüne Salatblatt legen.

1.

2.

3.

4.

5.

6.

7.

8.

Kleine Rosen

- **3 Scheiben Fleischwurst**
- **1 Scheibe Toastbrot**
- **Butter oder Mayonnaise**
- **1 Scheibe Schmelzkäse**
- **glatte Petersilie**
- **3 Maiskörner**
- **1 grünes Salatblatt**

1. Mit einer entsprechenden Ausstechform eine sechsblättrige Blume aus der Fleischwurst ausstechen.
2. Mit einer etwas kleineren runden Ausstechform aus dieser Blume in der Mitte einen Kreis ausstechen.
3. Die Blume an einer Stelle mit einem Messer einschneiden.
4. An dieser Einschnittstelle beginnend die Blume so einrollen, dass drei Blätter am Boden einen Kreis bilden. Die folgenden zwei Blätter in der entstandenen Mulde leicht aufgestellt einrollen und das letzte Blatt wiederum leicht aufgestellt zum Abschluss in der Mulde einrollen (siehe Foto).
5. Zwei weitere solche Rosen anfertigen.
6. Das Toastbrot mit Butter oder Mayonnaise bestreichen und mit Schmelzkäse belegen.
7. Die kleinen Rosen auf dem Toastbrot anordnen.
8. Petersilienblätter abschneiden.
9. Die Blätter um die Rosen arrangieren. Wenn gewünscht, Maiskörner in die Rosenmitte legen.
10. Das Toastbrot auf das Salatblatt legen.

1.
2.
3.
4.
5.
6.
7.
8.
9.
10.

Kleiner Fisch

* 1 Scheibe Toastbrot
* Butter oder Mayonnaise
* 1 Scheibe Schmelzkäse
* 1 gekochte Möhre
* 1 Scheibe Hartkäse
* glatte Petersilie
* 1 schwarze Olive
* 1 grünes Salatblatt

1. Das Toastbrot mit Butter oder Mayonnaise bestreichen und mit Schmelzkäse belegen.
2. Für die Fischschuppen die gekochte Möhre in Scheiben schneiden.
3. Mit dem Schwanzende beginnend, die Möhrenscheiben in Form eines kleinen Fisches auf dem Brot anordnen.
4. Für den Kopf aus dem Hartkäse ein abgerundetes Dreieck herausschneiden. Petersilienblätter als Flossen verwenden. Für das Auge von der schwarzen Olive eine dünne Scheibe abschneiden.
5. Ein grünes Salatblatt als Schwanzflosse auslegen und mit einem Stück Petersilie verzieren.
6. Das Auge auf den Kopf legen.
7. Den Kopf, die Flossen und die Schwanzflosse an den Körper legen.

1.
2.
3.
4.
5.
6.
7.

KÜKEN

- 1 Scheibe Toastbrot
- Butter oder Mayonnaise
- 1 Scheibe Schmelzkäse
- 1 hartgekochtes Ei
- 1 Stück rote Paprika
- 2 schwarze Kaviarkörner
- Fenchelgrün oder ein rotes Salatblatt

1. Das Toastbrot mit Butter oder Mayonnaise bestreichen und mit Schmelzkäse belegen.
2. Für die Eierschale das gekochte Ei der Breite nach in zwei Hälften schneiden und eine gezackte Schnittfläche erzeugen.
3. Das Eigelb entfernen und mit einem feinen Reibeisen raspeln.
4. Eine Eierschalenhälfte auf das Brot platzieren.
5. Mit dem geriebenen Eigelb in der Mitte der Eierschale einen Hügel formen.
6. Aus einem Stück roter Paprika einen Schnabel formen und am Eigelb anbringen. Darüber zwei Kaviarkörner als Augen anordnen. Das Küken auf ein Nest aus Fenchelgrün setzen.
7. Alternativ das Küken auf ein Nest aus einem roten Salatblatt setzen.

1.

2.

3.

4.

5.

6.

7.

Aus unserem Programm

ISBN 978-3-7020-1600-5

ISBN 978-3-7020-1461-2

ISBN 978-3-7020-1614-2

ISBN 978-3-7020-1599-2

Leopold Stocker Verlag
Graz – Stuttgart
www.stocker-verlag.com